HANYU PINYIN
汉语拼音

PENG'S CHINESE TREASURY

Hanyu Pinyin

concept and cartoons
by
Tan Huay Peng

HEIAN

FIRST AMERICAN EDITION – 1987
Third Printing 1997

HEIAN INTERNATIONAL, INC.
1815 W. 205th Street, Suite #301
Torrance, CA 90501 USA

First published in Singapore by
Times Books International
an imprint of Times Editions Pte Ltd
Times Centre
1 New Industrial Road
Singapore 536196

© 1986 TIMES EDITIONS PTE LTD, Singapore

ISBN 0-89346-294-2

Printed in Singapore

CONTENTS

HANYU PINYIN

Hanyu Pinyin, the Romanized Chinese Phonetic System, is considered the most effective aid to learning Mandarin today. It is precise and accurate, and compared to other Romanizations, such as Wade-Giles and Yale, it is less complicated and thus more easily learnt.

The system reads and writes easily, using fewer letters per sound than any other system. As an additional guide to proper pronunciation, simple tone marks are placed over the vowels.

Pinyin Made Simple

This book demonstrates the simplest way to master Pinyin. It analyzes the system, breaking down the sounds into simple vowels, compound vowels, and consonants.

First things first. The 4 tones are introduced, after which comes the pronunciation of each vowel and consonant component of one-syllable words.

Basic Words and Characters

Approximately 500 basic words, with their Chinese characters in the modern simplified form, are progressively introduced in groups according to sound. As far as possible, the examples given for each vowel or consonant group can be identified from the cartoon.

100 Pinyin words with two syllables are also listed and explained.

Cartoons

Learning Pinyin is really no drudgery, and cartoons have been used throughout for the dual function: to amuse and to teach. Almost effortlessly, it is possible to learn the Pinyin spelling, pronunciation and pitch of each word, as well as its meaning and Chinese character — at the same time.

So flip these pages, be inspired, learn and have fun!

THE FOUR TONES

Chinese is a tonal language. Every Chinese character is a syllable with a fixed tone. If the tone is wrong, the meaning is changed right away, and in some cases corresponds with no existing Chinese character!

Mandarin, the official Chinese language, has four basic tones: each one is indicated by a tone mark.

The tone marks are placed over the vowels. If the letter "i" has a tone mark over it, the dot is omitted.

 The first tone is a high continuous tone, like the reciting of "A B C D, etc."

 The second tone is a rising questioning tone, like a surprised "Huh?"

 The third tone is a drawling tone, first falling then rising, like an indecisive "Well . . ."

The fourth tone is a sharp falling tone, like a purposeful "Yes!"

Examples:

ā á ǎ à   ē é ě è   ī í ǐ ì

ō ó ǒ ò   ū ú ǔ ù

VOWELS

In Mandarin there are 6 simple vowels and 15 compound vowels. The compound vowels are combinations of 2 or 3 vowels.

CONSONANTS

There are also 24 consonants, divided into
7 groups according to the way they are articulated.

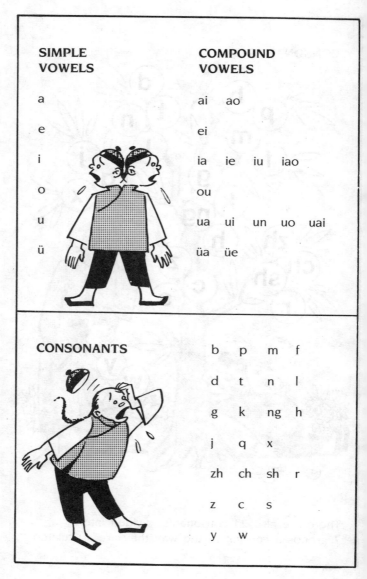

SIMPLE VOWELS

a

e

i

o

u

ü

COMPOUND VOWELS

ai ao

ei

ia ie iu iao

ou

ua ui un uo uai

üa üe

CONSONANTS

b p m f

d t n l

g k ng h

j q x

zh ch sh r

z c s

y w

SIMPLE VOWELS

Let's begin with the simple vowels:

a e i o u ü

a as in mama, papa

pà	怕	fear	yá	牙	tooth
mā	妈	mother	fà	发	hair
ná	拿	carry	wā	蛙	frog
yā	鸭	duck	bà	爸	father
hā	哈	ha!	dǎ	打	beat

a as in cash, rash
when placed between **i** and **n**

tiān	天	sky	qiān	千	1000
jiàn	见	see	xiān	先	first
diàn	店	shop	piàn	骗	cheat
diǎn	点	spot	qián	钱	money
jiǎn	减	reduce	miàn	面	noodles

e
as in earn, learn

ē	鹅	swan	dé	得	obtain
hé	河	river	gè	个	individual
gē	歌	song	rè	热	hot
kè	课	lesson	shé	舌	tongue
hé	合	join	hē	喝	drink

e as in get, wet
when preceded by **i** or **u**
(except for the letter **y**)

yē	夜	night	xié	斜	slanting
jiě	姐	elder sister	liè	裂	crack
jiē	接	receive	què	确	really
bié	别	don't	yè	叶	leaf
diē	跌	fall	yuè	月	moon

i

as in sit, wit

dì	弟	younger brother	tǐ	体	body
lì	粒	grain	qī	七	seven
bǐ	笔	pen	jì	记	remember
jī	鸡	chicken	yī	衣	garment
mǐ	米	rice	xī	西	west

i is pronounced like a vocalized **r**
if preceded by **zh**, **ch**, **sh** or **r**

zhǐ	指	point
chī	吃	eat
chī	匙	spoon
chí	迟	late
shì	事	matter
rì	日	day

i is pronounced like a buzzing **z**
if preceded by **z**, **c** or **s**

zǐ	紫	purple
cì	赐	bestow
zì	字	word
cí	词	phrase
sī	丝	silk
sì	四	four

19

O as in drop, prop

wō	窝	nest		pō	坡	slope
mò	默	silent		wò	握	grasp
bó	伯	uncle		bō	波	waves
pó	婆	old lady		mō	摸	touch
bǒ	跛	limp		pō	泼	splash

O

as in sow, grow
if followed by **ng**

dōng	东	east	tóng	同	together
hóng	虹	rainbow	dòng	动	move
nòng	弄	make	dǒng	懂	understand
zhòng	种	plant	tōng	通	go through
yòng	用	use	chóng	虫	worm

u like the "oo" in look, book

gǔ	古	ancient		tú	图	picture
lù	录	record		hǔ	虎	tiger
lù	露	show		shǔ	鼠	mouse
dú	读	read		tù	兔	rabbit
shū	书	book		wū	乌	crow

ü

like the French **u** in *rue*
(ü appears as **u** if preceded by
j, **q**, **x** or **y**)

yú	鱼	fish		yǔ	雨	rain
yù	遇	meet		nǚ	女	girl
jù	句	sentence		yù	玉	jade
qǔ	曲	tune		qǔ	娶	marry
qū	区	district		lǜ	绿	green

COMPOUND VOWELS

Let's now tackle the 15 compound vowels – first the 2-letter vowels, then the 3-letter vowels.

ai

sounds like the "ie" in lie

mǎi	买	buy		gài	盖	cover
mài	卖	sell		hái	孩	child
ài	爱	love		nǎi	奶	milk
bǎi	百	100		ǎi	矮	short
pái	牌	sign plate		dài	袋	bag

25

ao

sounds like the "ow" in how

bǎo	饱	be full	yǎo	咬	bite
cǎo	草	grass	táo	逃	flee
mào	帽	cap	nào	闹	noisy
māo	猫	cat	pǎo	跑	run
kào	靠	lean on	pāo	抛	throw

ei

sounds like the "ay" in gay

měi	美	beautiful	féi	肥	fat
péi	陪	accompany	wèi	胃	stomach
mèi	妹	younger sister	méi	梅	plum
wěi	尾	tail	bēi	杯	cup
fèi	吠	bark	gěi	给	give

ia

is a combination of "i" and "a"

jiā	家	family	jiā	夹	press
xià	下	below	jiǎ	假	false
jià	嫁	marry	jiā	加	add
jià	架	shelf	jià	价	price
xià	夏	summer	xiā	虾	prawn

ie

is a combination of "i" and "e"

tiě	铁	iron		xiè	蟹	crab
jiè	借	borrow		diē	碟	dish
xié	鞋	shoes		jiě	解	separate
tiē	贴	paste		xiè	谢	thank
qiē	切	slice		piě	撇	fling

iu

is a combination of "i" and "u"

xiū	休	rest	xiù	袖	sleeve
jiǔ	酒	wine	qiū	秋	autumn
liú	留	remain	liú	流	flow
niú	牛	cow	jiǔ	九	nine
diū	丢	throw	liù	六	six

ou

sounds like the "ow" in low

gōu	沟	drain	hòu	后	behind
chòu	臭	smelly	tōu	偷	steal
dòu	豆	beans	shǒu	手	hand
gòu	够	enough	kǒu	口	mouth
hóu	猴	monkey	tóu	头	head

ua is a combination of ''u'' and ''a''

huà	画	paint	huà	话	word
shuā	刷	brush	huá	滑	smooth
guà	挂	hang	zhuā	抓	scratch
huá	划	paddle	huā	花	flower
kuā	夸	boast	guā	瓜	melon

ui

sounds like "way"

chuī	吹	blow	suì	岁	age
zuǐ	嘴	mouth	zhuī	追	chase
guī	龟	turtle	tuì	退	retreat
duì	对	correct	suí	随	follow
tuī	推	push	shuí	谁	who?

un

is a combination of ''u'' and ''n''

cūn	村	village	gǔn	滚	trundle
hūn	昏	dizzy	dùn	顿	pause
sūn	孙	grandson	kùn	困	tired
rùn	润	lubricate	chún	唇	lips
lún	轮	wheel	tūn	吞	swallow

34

uo

is a combination of "u" and "o"

duǒ	躲	hide	luó	罗	net
tuō	脱	come off	huó	活	live
zuò	坐	sit	luò	落	drop
suǒ	锁	lock	duō	多	many
zuò	做	make	guò	过	pass

üa

is a combination of "ü" and "a"
but the 2 dots are absent from the "u"

juān	捐	contribute	juàn	倦	weary
yuán	园	garden	quān	圈	circle
xuǎn	选	choose	juǎn	卷	roll up
quán	泉	spring	yuǎn	远	far
quán	全	complete	yuán	源	source

üe

is a combination of "ü" and "e" although the 2 dots over the "u" only appear after the letters **l** and **n**

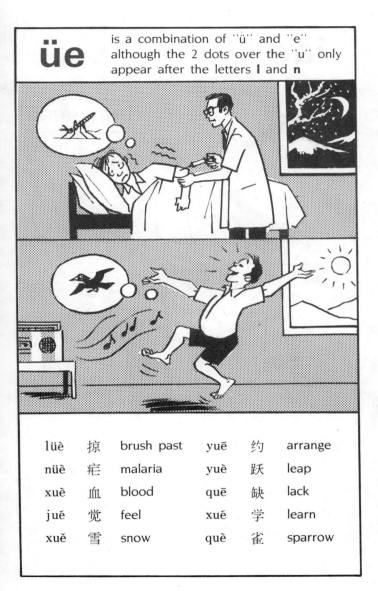

lüè	掠	brush past	yuē	约	arrange
nüè	疟	malaria	yuè	跃	leap
xuè	血	blood	quē	缺	lack
jué	觉	feel	xué	学	learn
xuě	雪	snow	què	雀	sparrow

37

iao

sounds like the "eow" in meow

liāo	料	expect	jiào	叫	shout
qiǎo	巧	coincidental	miào	妙	wonderful
diào	钓	fish	qiáo	瞧	look
tiāo	挑	select	piāo	漂	drift
xiào	笑	laugh	niǎo	鸟	bird

uai

is a combination of "u" and "a" and "i"

huái	怀	bosom	guāi	掴	slap
guāi	乖	well-behaved	kuài	筷	chopsticks
huài	坏	naughty	kuài	快	fast
shuāi	摔	fall	kuài	块	piece
zhuài	拽	drag	guài	怪	strange

VOWELS

So far we've dealt with all the simple and compound vowels.

Simple Vowels

a e i o u ü

Compound Vowels

ai ao

ei

ia ie iu iao

ou

ua ui un uo uai

üa üe

CONSONANTS

We now proceed with the final group – the consonants – arranged in 7 groups, according to the way they are articulated.

b like ``p'' (voiceless) in help

bāng	帮	help	bù	布	cloth
bìng	病	sick	bèi	被	blanket
bí	鼻	nose	biǎn	扁	flat
bǔ	补	mend	bǐng	饼	biscuit
bǎi	摆	place	bīng	冰	ice

p strongly aspirated as in pineapple

píng	平	level	pái	排	arrange
pèng	碰	bump	pǐn	品	goods
pén	盆	basin	pí	皮	skin
pò	破	broken	piàn	片	slice
pū	仆	fall forward	pàng	胖	fat

43

m as in more

mù	木	wood	méi	眉	eyebrow
mìng	命	life	mèng	梦	dream
mèn	闷	bored	màn	慢	slow
mái	埋	bury	mǎ	马	horse
mǒ	抹	wipe	mà	骂	scold

f as in food

fēi	飞	fly	fàn	饭	rice
fèn	份	portion	fēn	分	divide
fēng	蜂	bee	fā	发	distribute
fáng	房	room	fú	福	good fortune
fāng	方	square	fān	翻	overturn

d

like "t" (voiceless) in nitwit

dà	大	big	diào	吊	hang
dāi	呆	dumbstruck	dīng	钉	nail
dān	单	single	dòng	洞	hole
diàn	电	electricity	duī	堆	pile
dēng	灯	lamp	duǎn	短	short

t

strongly aspirated as in talk

tián	田	field	tǔ	土	soil
tíng	停	stop	tóng	童	child
tán	谈	chat	tǒng	桶	bucket
tīng	听	hear	tòu	透	penetrate
tuō	拖	drag	tiào	跳	leap

n as in nimble

nóng	农	farming	nán	难	difficult
ní	泥	mud	néng	能	able
nián	年	year	nán	南	south
nài	耐	lasting	nèn	嫩	tender
nán	男	male	nuǎn	暖	warm

l as in loud

lǎo	老	old	lán	篮	basket
lóng	聋	deaf	liáng	凉	cool
lì	力	strength	lěng	冷	cold
léi	雷	thunder	líng	灵	alert
liǎn	脸	face	lù	路	road

g

like "k" (voiceless) in skill

gǎn	敢	dare	gēn	根	root
gān	竿	pole	guǐ	鬼	devil
gān	柑	mandarin orange	gù	顾	look after
guǎn	管	manage	guǒ	果	fruit
gāo	高	high	gǎi	改	change

k strongly aspirated as in kid

kāi	开	open	kǔ	苦	bitter
kàn	看	look	kuà	跨	step
kōng	空	empty	kuī	亏	lose
ké	壳	shell	kù	裤	trousers
kū	哭	cry	kòu	扣	deduct

ng

as in song

liǎng	两	two	gōng	工	work
yìng	硬	hard	chàng	唱	sing
qīng	轻	light	háng	行	row
máng	忙	busy	fēng	风	wind
sòng	送	deliver	shuāng	双	both

h as in hot

hǎi	海	sea	hóng	红	red
huǒ	火	fire	huī	灰	ash
hōng	烘	roast	hú	壶	kettle
huáng	黄	yellow	hàn	汗	sweat
hēi	黑	black	hǎo	好	good

j

like ``ch`` (voiceless) in mischief

jiù	救	rescue	jǐn	紧	taut
jiǔ	久	long	jiē	结	knot
jí	急	anxious	jiǎng	讲	speak
jǐng	井	well	jǔ	举	lift
jiāo	交	hand over	jiān	肩	shoulder

q

like "ch" (strongly aspirated) in cheat

qī	妻	wife	qiāo	敲	knock
qì	气	angry	quàn	劝	persuade
qiáng	强	strong	qiú	求	beseech
qián	前	front	qíng	情	feelings
qún	裙	skirt	qù	去	leave

X like a sound between the "s" in see and the "sh" in she

xiǎo	校	school	xiàn	线	line
xiě	写	write	xīn	心	heart
xún	寻	seek	xíng	形	shape
xǐng	醒	awake	xiǎng	想	think
xiǎo	小	small	xiàng	象	elephant

zh

like the "dg" (voiceless) in sludge

zhào	照	shine		zhī	直	straight
zhē	遮	cover		zhī	枝	branch
zhǎi	窄	narrow		zhēn	真	real
zhú	竹	bamboo		zhuō	捉	catch
zhǎng	长	grow		zhū	猪	pig

ch as in children

chú	厨	kitchen	chā	叉	fork
chǎo	炒	stir-fry	chōng	冲	rinse
chái	柴	firewood	chá	茶	tea
chōu	抽	take out	chén	尘	dust
cháng	尝	taste	chuáng	床	bed

sh as in sheaf

水

shān	山	mountain	shuō	说	say
shàng	上	up, above	shuǐ	水	water
shí	石	stone	shēng	生	grow
shù	树	tree	shù	束	bind
shēn	身	body	shōu	收	collect

r as in raw, with the tongue curled back but without the trill

rào	绕	go round	ruò	弱	feeble
ruǎn	软	soft	róng	容	appearance
rén	人	person	rù	入	enter
róng	融	melt	rèn	认	recognize
rěn	忍	endure	ròu	肉	meat

Z like the "ts" in plants
(without aspiration)

zǎo	早	early		zā	扎	plait
zāi	哉	plant		zǔ	阻	hinder
zá	杂	assorted		zǒu	走	walk, go
zào	造	make		zuǒ	左	left
zuān	钻	go through		zú	足	foot, leg

C like the "ts" in eats, but strongly aspirated

cā	擦	rub		cān	餐	meal
cǎi	踩	trample		cuì	脆	crisp
cuò	错	wrong		cài	菜	vegetable
cōng	匆	hastily		cāi	猜	guess
cū	粗	rough		céng	层	layer

S as in sum, sweep

sōng	松	loose	sè	色	colour
suàn	算	calculate	sàn	散	disperse
sān	三	three	suì	碎	smash
sī	撕	tear	sǎo	扫	sweep
sǎn	伞	umbrella	sǐ	死	dead

y as in you

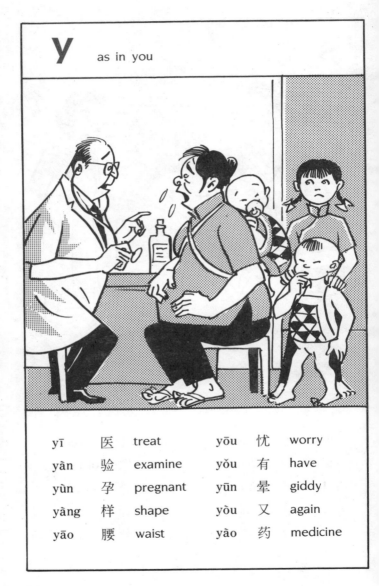

yī	医	treat	yōu	忧	worry
yàn	验	examine	yǒu	有	have
yùn	孕	pregnant	yūn	晕	giddy
yàng	样	shape	yòu	又	again
yāo	腰	waist	yào	药	medicine

wǎn	晚	late	wǒ	我	I
wǔ	五	five	wà	袜	socks
wàng	望	gaze	wáng	王	king
wèi	喂	hello!	wán	玩	play
wèn	问	ask	wāi	歪	crooked

VOWELS AND CONSONANTS

We've now completed all the possible sounds of Hanyu Pinyin.

Simple Vowels

a e i o u ü

Compound Vowels

ai ao

ei

ia ie iu iao

ou

ua ui un uo uai

üa üe

Consonants

b p m f

d t n l

g k ng h

j q x

zh ch sh r

z c s

y w

We're now ready to deal with the 5th tone – the neutral tone.

THE NEUTRAL TONE

Apart from the 4 basic tones, there is a 5th tone in Mandarin: the neutral tone.

The neutral tone is light, soft and short, unlike any of the 4 basic tones. It is pronounced in a *relaxed* way, without any stress, and varies in pitch according to the tone of the preceding syllable.

Generally, all particles, interjections, pronouns after verbs, and other words which do not carry important concrete meanings in a sentence, have the neutral tone.

The tone mark for the neutral tone may either be a small circle (o) over the vowel, or a dot (•) preceding the syllable. Usually, however, no mark is necessary.

好　吗?
hao　må?
hao • ma?
hao　ma?

In Mandarin, there are only a few characters with a definite neutral tone. They carry no concrete meaning of their own, being functional only as suffixes. Here is a list:

ma	吗	men	们	zhe	着
ne	呢	me	么	de	得
ba	吧	de	的	lie	咧
la	啦	li	哩	luo	罗
le	了	na	哪	de	地
zi	子	ma	嘛	a	啊

Syllables are normally uttered in any one of the 4 tones. However, tones can be neutralized according to:

(1) the context
(2) the other syllable it joins to form a word
(3) the stress and intonation of the phrase
(4) the shades of meaning
(5) the more or less strong emphasis laid on the words

The following is a list of two-syllable words where only the 1st syllable is stressed. In each example given below, the tone of the 2nd syllable has been neutralized for effective oral emphasis.

1st tone

gē gē	= gē ge	哥哥	elder brother
mā mā	= mā ma	妈妈	mother
zhī dào	= zhī dao	知道	know
jī qì	= jī qi	机器	machine

2nd tone

péng yǒu	= péng you	朋友	friend
shé tóu	= shé tou	舌头	tongue
míng bǎi	= míng bai	明白	understand
róng yì	= róng yi	容易	easy

3rd tone

jiě jiě	= jiě jie	姐姐	elder sister
yǎn jīng	= yǎn jing	眼睛	eye
ěr duǒ	= ěr duo	耳朵	ear
zǎo shāng	= zǎo shang	早上	morning

4th tone

bà bà	= bà ba	爸爸	father
dì dì	= dì di	弟弟	younger brother
mèi mèi	= mèi mei	妹妹	younger sister
tài yáng	= tài yang	太阳	sun

THE FIVE TONES
Let's review the 5 tones:

1 HIGH AND LEVEL

2 RISING AND QUESTIONING

3 FALLING AND RISING

4 SHARP AND FALLING

5 NEUTRAL SOFT AND SHORT

TONE SANDHI

The 3rd tone syllable normally has a falling and rising pitch.

Examples

hǎo	好	good
měi	美	beautiful
nǐ	你	you
wǒ	我	I

When followed by a syllable of another tone, the 3rd tone syllable is pronounced half 3rd tone. It only falls, but does not rise.

Examples

huǒ chē	火车	train
měi rén	美人	beauty
kǎo shì	考试	examination
yǐ zi	椅子	chair

When followed by a syllable of the same tone, the 3rd tone syllable is pronounced in the 2nd tone. It does not fall, but only rises.

Examples

lǎo bǎn	=	láo bǎn	老板	boss
mǐ fěn	=	mí fěn	米粉	rice flour
měi hǎo	=	méi hǎo	美好	fine
shuǐ guǒ	=	shuí guǒ	水果	fruit

TONE MARKS

(1) The tone mark must be placed over a vowel, if it is a simple vowel:

ā é ǐ ò ū ǔ

If the vowel is "i" the dot is always omitted. Thus:

ī í ǐ ì

(2) The "a" of a compound vowel always carries the tone mark:

āi áo iǎ uà iáo uài

If there is no "a", the tone mark is placed over "o" or "e":

ōu uó ěi iè üè

(3) A compound vowel with both "i" and "u" has the tone mark placed over the 2nd vowel:

iū uí uǎi

ā é ǐ ò ū ǔ
āi áo iǎ uà iáo
ōu uó
ěi iè üè
iū uí uǎi ùn

Here are all the possible combinations of vowels with their tone marks properly placed.

1st tone

ā	ē	ī	ō	ū	üē
āi	ēi	iā	ōu	uā	
āo		iē		uī	
		iū		ūn	
		iāo		uō	
				uāi	

2nd tone

á	é	í	ó	ú	ǘ
ái	éi	iá	óu	uá	üé
áo		ié		uí	
		iú		ún	
		iáo		uó	
				uái	

3rd tone

ǎ	ě	ǐ	ǒ	ǔ	ǚ
ǎi	ěi	iǎ	ǒu	uǎ	
ǎo		iě		uǐ	
		iǔ		ǔn	
		iǎo		uǒ	
				uǎi	

4th tone

à	è	ì	ò	ù	ǜ
ài	èi	ià	òu	uà	üè
ào		iè		uì	
		iù		ùn	
		iào		uò	
				uài	

THE UMLAUT MARK

The umlaut mark is a mark made up of two dots (••) placed over a vowel to indicate modification in the quality of the vowel. It is derived from the German *um* (changed) and *laut* (sound).

In Mandarin, it appears only in the vowel "ü" and is pronounced as in the German *grün* or the French *rue*.

The vowel "ü" appears with the umlaut mark only when preceded by "n" or "l".
e.g.

nǚ   nüè   lǘ   lǚ   lǜ   lüè

In all others preceded by "j", "q", "x" or "y", the umlaut mark may be omitted.

e.g.

jū	qū	xū	yú
jué	quē	xué	yuè
juǎn	quán	xuǎn	yuǎn
jùn	qún	xùn	yùn

TWO-SYLLABLE WORDS

The Chinese language is primarily disyllabic, i.e., comprising two-syllable words. These may be formed in the following ways, which are by no means exhaustive.

(1) Appending a noun suffix: zi (子) or tou (头)

ér zi	儿子	son
mào zi	帽子	hat
shí tou	石头	stone
gǔ tou	骨头	bone

(2) Repeating the same syllable

kàn kan	看看	look
xiè xie	谢谢	thanks
cháng cháng	常常	often

(3) Linking up with an interdependent syllable

qīng tíng	蜻蜓	dragonfly
hú dié	蝴蝶	butterfly
zhī zhū	蜘蛛	spider

(4) Linking up with an independent synonym

     kàn jian   看见   see

     guǎng dà   广大   vast

     gǎn kuài   赶快   quickly

(5) Linking up with another syllable idiomatically

    dōng xi   东西   thing
    (east-west)

    duō shǎo   多少   how many
    (many-few)

    huǒ chē   火车   train
    (fire-vehicle)

    qiān jīn   千金   daughter
    (thousand-gold)

    fàn tǒng   饭桶   good-for-nothing
    (rice-bucket)

    cháng duǎn   长短   mishap
    (long-short)

The following pages list a hundred commonly used two-syllable words. First syllables from the 1st to the 4th tone are paired off with syllables from each of the 5 tones to form a variety of two-syllable words.

1-1
fēi jī	飞机	aeroplane
qiān xū	谦虚	humble
xīn xiān	新鲜	fresh
gū dān	孤单	alone
zhōng xīn	中心	centre

1-2
huī chén	灰尘	dust
cōng máng	匆忙	hastily
huān yíng	欢迎	welcome
zhī chí	支持	support
zhuān mén	专门	special

1-3
gōng xǐ	恭喜	congratulate
shēn tǐ	身体	body
shāng kǒu	伤口	wound
xīn kǔ	辛苦	hard
qīng shuǎng	清爽	cool

1-4
qī piàn	欺骗	deceive
fēng fù	丰富	prosperous
gāo guì	高贵	noble
hēi àn	黑暗	darkness
jīng yàn	经验	experience

1-5
tā men	他们	they
yī fu	衣服	clothes
xiū xi	休息	rest
xiān sheng	先生	teacher
guān xi	关系	relations

2-1	guó jiā	国家	country
	qiú hūn	求婚	propose
	dú shū	读书	study
	shí jiān	时间	time
	píng ān	平安	safe
2-2	huí dá	回答	reply
	huái yí	怀疑	suspect
	tóng qíng	同情	sympathise
	rén mín	人民	people
	qián tú	前途	future
2-3	péi yǎng	培养	nurture
	yóu yǒng	游泳	swim
	wēi xiǎo	微小	little
	huí xiǎng	回想	recall
	rén kǒu	人口	population
2-4	suí biàn	随便	careless
	xí guàn	习惯	habit
	cái gàn	才干	ability
	xué wèn	学问	knowledge
	zé rèn	责任	responsibility
2-5	míng zi	名字	name
	má fan	麻烦	trouble
	fáng zi	房子	house
	shén me	什么	what?
	hái zi	孩子	child

3-1	jiě kāi	解开	untie
	pǔ tōng	普通	common
	jǐn zhāng	紧张	tense
	huǒ chē	火车	train
	wǎn cān	晚餐	dinner
3-2	kě lián	可怜	pitiful
	lǚ xíng	旅行	travel
	mǎn zú	满足	satisfied
	yǔ yán	语言	language
	yǎn yuán	演员	actor
3-3	zhǎn lǎn	展览	exhibition
	shuǐ guǒ	水果	fruit
	yǒng gǎn	勇敢	brave
	wǔ dǎo	舞蹈	dance
	liǎo jiě	了解	understand

(change 3rd tone of 1st syllable to 2nd tone)

3-4	kǎo shì	考试	examination
	rěn nài	忍耐	endure
	xiǎng shòu	享受	enjoy
	nǔ lì	努力	hardworking
	jiě shì	解释	explain
3-5	yǐ zi	椅子	chair
	zhěn tou	枕头	pillow
	nǐ men	你们	you (plural)
	wǒ men	我们	we: us
	wěi ba	尾巴	tail

4-1	miàn bāo	面包	bread
	cài dān	菜单	menu
	qì chē	汽车	car
	diàn dēng	电灯	electric light
	jiàn kāng	健康	healthy
4-2	wèn tí	问题	question
	fù zá	复杂	complex
	tè bié	特别	special
	liàn xí	练习	exercise
	nèi róng	内容	content
4-3	zì diǎn	字典	dictionary
	bào zhǐ	报纸	newspaper
	diàn yǐng	电影	film
	hòu guǒ	后果	results
	hòu huǐ	后悔	regret
4-4	diàn huà	电话	telephone
	bào gào	报告	report
	mìng yùn	命运	destiny
	qù wèi	趣味	interest
	xiàng piàn	相片	photograph
4-5	kè qi	客气	polite
	gù shi	故事	story
	xià mian	下面	below
	yì si	意思	meaning
	bèi zi	辈子	lifetime

VOCABULARY

Hanyu Pinyin / Chinese character / English meaning / Page No.

ǎi	矮	short	25
ài	爱	love	25
bā	爸	father	14
bǎi	百	100	25
bǎi	摆	place	42
bāng	帮	help	42
bǎo	饱	be full	26
bēi	杯	cup	27
bèi	被	blanket	42
bí	鼻	nose	42
bǐ	笔	pen	18
biǎn	扁	flat	42
biē	别	don't	17
bīng	冰	ice	42
bǐng	饼	biscuit	42
bìng	病	sick	42
bō	波	waves	20
bó	伯	uncle	20
bǒ	跛	limp	20
bǔ	补	mend	42
bù	布	cloth	42
cā	擦	rub	62
cāi	猜	guess	62
cǎi	踩	trample	62
cài	菜	vegetable	62
cān	餐	meal	62
cǎo	草	grass	26
céng	层	layer	62
chā	叉	fork	58
chá	茶	tea	58
chái	柴	firewood	58
cháng	尝	taste	58
chàng	唱	sing	52

Hanyu Pinyin / Chinese character / English meaning / Page No.

Hanyu Pinyin / Chinese character / English meaning / Page No.

Hanyu Pinyin / Chinese character / English meaning / Page No.

gān	柑	mandarin orange	50
gān	竿	pole	50
gǎn	敢	dare	50
gāo	高	high	50
gē	歌	song	16
gè	个	individual	16
gěi	给	give	27
gēn	根	root	50
gōng	工	work	52
gōu	沟	drain	31
gòu	够	enough	31
gǔ	古	ancient	22
gù	顾	look after	50
guā	瓜	melon	32
guà	挂	hang	32
guāi	乖	well-behaved	39
guāi	掴	slap	39
guài	怪	strange	39
guǎn	管	manage	50
guī	龟	turtle	33
guǐ	鬼	devil	50
gǔn	滚	trundle	34
guǒ	果	fruit	50
guò	过	pass	35
hā	哈	ha!	14
hái	孩	child	25
hǎi	海	sea	53
hàn	汗	sweat	53
háng	行	row	52
hǎo	好	good	53
hē	喝	drink	16
hé	合	join	16
hé	河	river	16

Hanyu Pinyin / Chinese character / English meaning / Page No.

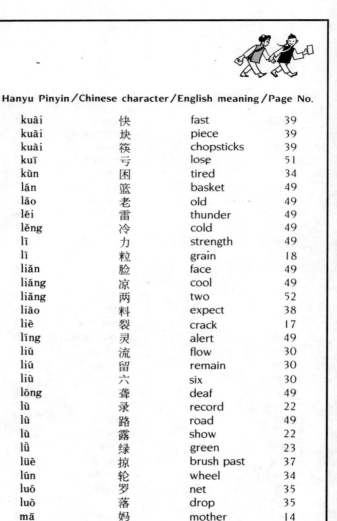

Hanyu Pinyin / Chinese character / English meaning / Page No.

kuài	快	fast	39
kuài	块	piece	39
kuài	筷	chopsticks	39
kuī	亏	lose	51
kùn	困	tired	34
lán	篮	basket	49
lǎo	老	old	49
léi	雷	thunder	49
lěng	冷	cold	49
lì	力	strength	49
lì	粒	grain	18
liǎn	脸	face	49
liáng	凉	cool	49
liǎng	两	two	52
liào	料	expect	38
liè	裂	crack	17
líng	灵	alert	49
liú	流	flow	30
liú	留	remain	30
liù	六	six	30
lóng	聋	deaf	49
lù	录	record	22
lù	路	road	49
lù	露	show	22
lǜ	绿	green	23
lüè	掠	brush past	37
lún	轮	wheel	34
luó	罗	net	35
luò	落	drop	35
mā	妈	mother	14
mǎ	马	horse	44
mà	骂	scold	44
mái	埋	bury	44

Hanyu Pinyin / Chinese character / English meaning / Page No.

mǎi	买	buy	25
mài	卖	sell	25
màn	慢	slow	44
máng	忙	busy	52
māo	猫	cat	26
mào	帽	cap	26
méi	眉	eyebrow	44
méi	梅	plum	27
měi	美	beautiful	27
mèi	妹	younger sister	27
mèn	闷	bored	44
mèng	梦	dream	44
mǐ	米	rice	18
miàn	面	noodles	15
miào	妙	wonderful	38
mìng	命	life	44
mō	摸	touch	20
mǒ	抹	wipe	44
mò	默	silent	20
mù	木	wood	44
ná	拿	carry	14
nǎi	奶	milk	25
nài	耐	lasting	48
nán	男	male	48
nán	南	south	48
nán	难	difficult	48
nào	闹	noisy	26
nèn	嫩	tender	48
néng	能	able	48
ní	泥	mud	48
nián	年	year	48
niǎo	鸟	bird	38
niú	牛	cow	30

Hanyu Pinyin / Chinese character / English meaning / Page No.

Hanyu Pinyin / Chinese character / English meaning / Page No.

Hanyu Pinyin/Chinese character/English meaning/Page No.

suì	碎	smash	63
sūn	孙	grandson	34
suǒ	锁	lock	35
tán	谈	chat	47
táo	逃	flee	26
tǐ	体	body	18
tiān	天	sky	15
tián	田	field	47
tiāo	挑	select	38
tiào	跳	leap	47
tiē	贴	paste	29
tiě	铁	iron	29
tīng	听	hear	47
tíng	停	stop	47
tōng	通	go through	21
tóng	同	together	21
tóng	童	child	47
tǒng	桶	bucket	47
tōu	偷	steal	31
tóu	头	head	31
tòu	透	penetrate	47
tú	图	picture	22
tǔ	土	soil	47
tù	兔	rabbit	22
tuī	推	push	33
tuì	退	retreat	33
tūn	吞	swallow	34
tuō	拖	drag	47
tuō	脱	come off	35
wā	蛙	frog	14
wà	袜	socks	65
wāi	歪	crooked	65
wán	玩	play	65

Hanyu Pinyin / Chinese character / English meaning / Page No.

Hanyu Pinyin / Chinese character / English meaning / Page No.

Hanyu Pinyin / Chinese character / English meaning / Page No.